PRZYGODY
FENKA

Tęsknota

EMOCJE II

AF365406

Czy wiecie, że tata Fenka ma bardzo ciekawą pracę? Zajmuje się fotografowaniem dzikiej przyrody: przeróżnych zwierząt i roślin. Ma specjalny aparat fotograficzny, statywy, czyli stojaki na aparat, oraz wiele innych przedmiotów potrzebnych do tego, by zrobić jak najlepsze zdjęcia.

Fenka bardzo interesuje praca jego taty. Z przyjemnością ogląda zrobione przez niego zdjęcia i słucha opowieści o podróżach w dalekie, nieraz bardzo ciepłe, a innym razem bardzo zimne kraje.

Jakie zwierzę fotografuje tata Fenka?

Praca taty Fenka ma tylko jedną wadę: kiedy wyjeżdża na wiele dni, chłopiec bardzo za nim tęskni… Właśnie dzisiaj tata wylatuje do Meksyku: będzie tam robił zdjęcia rekinom.

– Tatusiu, kiedy wrócisz? – dopytuje Fenek, kiedy razem z mamą i Fenią żegnają się z tatą.

– Za dwa tygodnie, synku, czyli za czternaście dni – wyjaśnia tata.

– Ojej… To bardzo długo – nasz bohater robi smutną minę. Tata przytula go jednak i zapewnia, że czas szybko minie.

Chwilę później tata pakuje walizki
do samochodu i odjeżdża. Mama
z Fenią na rękach i Fenek jeszcze
przez jakiś czas stoją na progu domu
i spoglądają za oddalającym się coraz
bardziej samochodem. Wchodzą
do środka dopiero, gdy pojazd zupełnie
znika im z oczu.

– Może masz ochotę na galaretkę z bitą
śmietaną? – pyta mama.

Fenek smętnie kręci głową. Jest
mu przykro, że tata musiał wyjechać,
i mimo że bardzo lubi desery, dziś
w ogóle nie ma na niego ochoty.

Chłopiec siada przy stoliku i zaczyna cicho płakać. Widząc to, mama od razu podchodzi do synka, bierze go na kolana i mocno przytula.

– Nie lubię, kiedy tata wyjeżdża – chłopiec szepcze przez łzy. – Zawsze bardzo za nim tęsknię.

 Mama głaszcze Fenka po głowie.

– Wiem, synku – mówi. – Ja również tęsknię za tatą, kiedy wyjeżdża.

Nawet Fenia zaczyna cicho popłakiwać.

– Może do niego zadzwonimy? – proponuje mama. – Pewnie za chwilę wsiądzie do samolotu.

– Halo? – tata odbiera telefon.

– Cześć tatusiu! To my! – Fenek krzyczy
do słuchawki. – Chcemy ci powiedzieć,
że bardzo cię kochamy i już za tobą tęsknimy.

– Ja też za wami tęsknię – mówi tata. –
Zadzwonię, jak tylko dotrę na miejsce.

Po rozmowie z tatą Fenek czuje się już trochę
lepiej. Humor poprawia mu się jeszcze
bardziej, kiedy mama wpada na pomysł
zrobienia niespodzianki i przygotowania
przyjęcia powitalnego dla taty. Oboje
postanawiają od razu zabrać się do pracy.

Jak się czuje Fenek po rozmowie z tatą?

WITAJ W DOMU!

Rozkładają na stole duży arkusz papieru
oraz kolorowe kredki, farby i flamastry.
Mama wielkimi literami zapisuje kolejne
literki, a Fenek próbuje je odczytać:
WI – TAJ W DO – MU!

Kiedy literki są już na swoim miejscu,
chłopiec przystępuje do ozdabiania napisu.
W jednym rogu rysuje mamę, tatę i siebie,
a w drugim – całe mnóstwo czerwonych
serduszek. Gotowa praca prezentuje się
naprawdę wspaniale! Mama ogląda ją
z zainteresowaniem.

– To chyba najładniejszy z twoich rysunków! –
chwali synka.

Kogo Fenek narysuje na obrazku?

Kolejne dni mijają Fenkowi i mamie
na przygotowaniach do powrotu taty.
Codziennie rozmawiają z nim przez telefon
i dzięki temu tęsknią dużo mniej. Uważają,
żeby w rozmowie nie zdradzić tacie,
że przygotowują dla niego niespodziankę.

Tata opowiada im o swoim spotkaniu
z rekinami i o tym, że udało mu się zrobić
im naprawdę wiele wspaniałych zdjęć.

– Już nie mogę się doczekać, kiedy będę
mógł je wam pokazać! – mówi, a mama
i Fenek uśmiechają się tajemniczo. Oni
również nie mogą się doczekać powrotu
taty.

WITAJ W DOMU!

Wreszcie nadchodzi ten długo wyczekiwany przez wszystkich dzień. Nad drzwiami zawisł już przygotowany wcześniej arkusz z napisem WITAJ W DOMU!, a cały stół zastawiony jest przeróżnymi smakołykami. Mama przygotowała ulubione potrawy taty i upiekła pyszne ciasto truskawkowe, a Fenek porozwieszał w całym pokoju kolorowe baloniki.

W domu Fenków zgromadziło się też sporo gości. Są tutaj babcia i dziadek, a także kotek Maks i jego mama.

Jakie smakołyki znajdują się na stole?

Wszyscy czekają w pełnej gotowości. Fenek ukradkiem wygląda przez okno.

– Już jest! – ogłasza wszystkim, kiedy tylko zauważa, że tata podjeżdża przed dom. Chłopiec jest bardzo podekscytowany.

Tata podchodzi do drzwi, naciska klamkę i…

– NIESPODZIANKA!!! – krzyczą wszyscy zgromadzeni, a Fenek rzuca się tacie na szyję.

– Jak dobrze, że już jesteś! – szepcze. Tata mocno przytula synka, a potem całuje mamę i małą Fenię. Tak dobrze być znowu razem!

Ile balonów jest na rysunku obok?

Porozmawiaj ze swoim maluchem o tym, czym jest tęsknota. Za kim lub za czym możemy tęsknić? Czy tęsknota jest nam potrzebna? Czy znamy jakieś osoby, które za kimś lub za czymś tęsknią? Spróbujcie wymyślić sposoby na złagodzenie tęsknoty. Może przygotujecie wspólnie niespodziankę dla osoby, za którą tęsknicie? Znajdźcie czas, by odwiedzić dawno niewidzianych dziadków, wujków czy przyjaciół.

– pozna kolejną emocję: tęsknotę;

– zobaczy, w jakich sytuacjach odczuwają ją inne osoby;

– pozna sposoby na radzenie sobie z tęsknotą;

– przekona się, że dzięki tęsknocie możemy bardziej docenić bliskie nam osoby.

Wskaż, który telefon będzie następny?

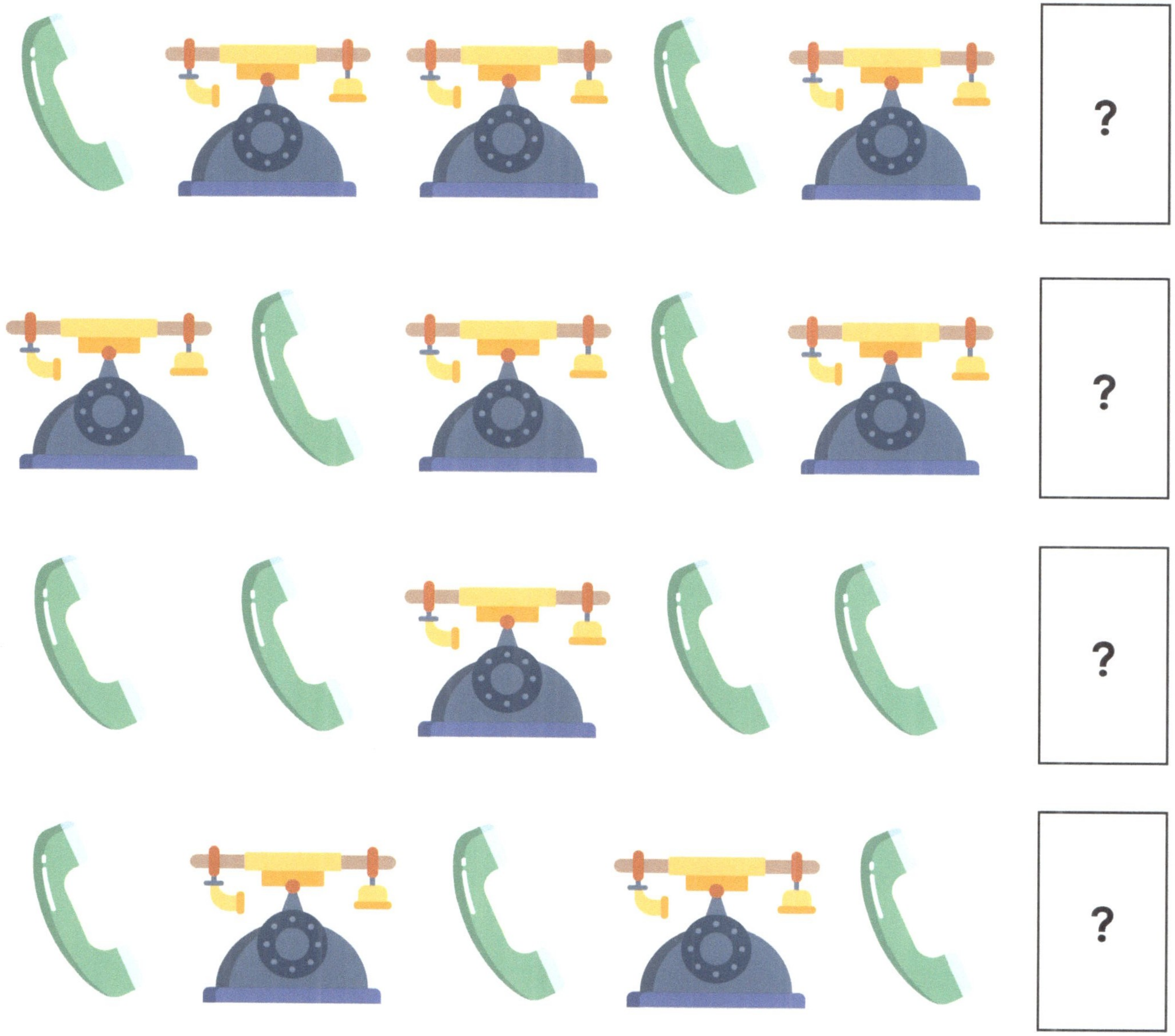

Poznawaj rosnący świat książe
serii "Przygody Fenk
Ciesz się najnowszymi i nadchodzący
przygodami i mnóstwem bezpłatnych zasobó
Czy masz któráś z tych niesamowitych przygód?
POLECANE PRZEZ PEDAGOGÓW I PSYCHOLOGÓW
OSOBOWOŚĆ
EMOCJE
Złość
Strach
Zazdrość
Wdzięczność
Wzruszenie
Ufność
Wyrzuty sumienia
Tęsknota
Duma
Nieśmiałość
Przyjaźń
Miłość
Samotność
Szczypanie
Skarżenie
Samoocena
Śmierć w rodzinie
Adopcja
To moje ciało
Rozstanie rodziców
Proszę
Przepraszam
Dziękuję
Pozdrowienia
Cierpliwość
Odpowiedzialność
Odwaga
Szacunek
Prawdomówność
Asertywność
Bezinteresowność
Kreatywność
Uczciwość
Planowanie
Punktualność
Spostrzegawczość
Wytrwałość
Samodzielność
Empatia
Lenistwo
Jesteśmy sobie potrzebni
Kłopoty ze słowami
Moje okulary
Nowy kolega

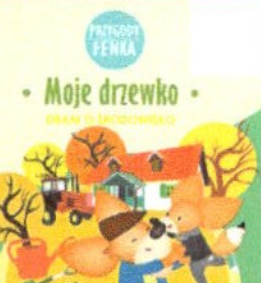

Co nowego?
sprawdź na www.fenek.com

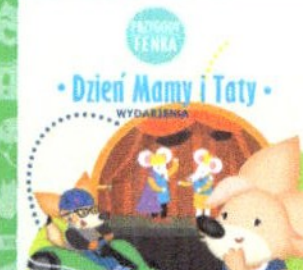